AUF DER SUCHE NACH DEM ALTEN KÖNIGSBERG

Zum Wappen auf der vorhergehenden Seite:
Das Stadtwappen von Königsberg mit den Einzelschilden der drei Teilstädte, die 1724 unter dem Signum Friedrich Wilhelm I. und dem preußischen Adler vereinigt wurden: in der Mitte die Altstadt (gegr. 1286), oben mit der roten Krone Ottokars von Böhmen im silbernen, unten mit dem silbernen Ordenskreuz im roten Feld; links Löbenicht (gegr. 1300), eine goldene Krone und zwei goldene sechszackige Sterne auf blauem Grund; rechts Kneiphof (gegr. 1327), auf grünem Grund ein blaubekleideter Arm, der eine goldene Krone über Wellen hält, zu beiden Seiten je ein goldenes Hifthorn (in der heraldischen Sprache werden die Richtungsangaben vom Schildträger aus gesehen).

Auf der Suche nach dem alten

KÖNIGSBERG (PR.)

Heinrich Lange
Alexander von Normann

KRAFT

Die Deutsche Bibliothek – CIP-Einheitsaufnahmen

Auf der Suche nach dem alten Königsberg /
Heinrich Lange ; Alexander von Normann. –
Würzburg : Kraft, 1992
ISBN 3-8083-2012-5
NE: Lange, Heinrich; Normann, Alexander von; Königsberg

Satz: Fotosatz Richard, Kitzingen
Repro: Magenta Lithographic
Druck: Heidelberger Reprographie, Eppelheim
Verarbeitung: C. Fikentscher, Darmstadt
Gestaltung: Klaus Bollhöfener, Kitzingen
ISBN 3-8083-2012-5

Einführung

Anlaß für die »Suche nach dem alten Königsberg« war die Öffnung des nach dem Zweiten Weltkrieg zum militärischen Sperrgebiet erklärten nördlichen Ostpreußens und seiner Hauptstadt. Diese war erst Anfang des Jahres 1991 mit der politischen Umgestaltung in der damaligen Sowjetunion möglich geworden.

Fast ein halbes Jahrhundert blieb das oberhalb der Mündung des Pregel in das Frische Haff liegende Königsberg von der westlichen Welt völlig isoliert, eine für alle Ausländer verbotene Stadt. Kein Königsberger durfte seit der Vertreibung der letzten deutschen Bewohner seine Heimatstadt betreten.

Der Norden Ostpreußens war im Potsdamer Abkommen – vorbehaltlich einer ins Auge gefaßten endgültigen Friedensregelung – der Sowjetunion zur Verwaltung übergeben, von dieser jedoch noch im gleichen Jahr formell annektiert und im Jahr darauf der Republik Rußland zugeordnet worden.

Am 4. Juli 1946 wurde Königsberg nach dem kurz zuvor verstorbenen ersten Präsidenten des Obersten Sowjet, Michail Kalinin, in Kaliningrad umbenannt.

Durch die jetzt wiedergewonnene Unabhängigkeit der baltischen Staaten Litauen, Lettland und Estland bildet Nord-Ostpreußen eine – nun auch wieder auf der Landkarte erscheinende – Exklave zwischen dem bei Polen verbliebenen südlichen Ostpreußen und der Republik Litauen, denn von Rußland aus ist die Region an der Ostsee nicht mehr direkt, sondern nur noch über das Baltikum zu erreichen.

Schon nach dem ersten Weltkrieg wurde Ostpreußen im Versailler Vertrag durch den Polnischen Korridor vom übrigen Deutschland abgeschnitten und war damit Außenposten des Reiches.

Neue Chancen

Mit den politischen und wirtschaftlichen Veränderungen in der ehemaligen Sowjetunion und der Öffnung Königsbergs-Kaliningrads ist ein neues Kapitel in der Geschichte der Stadt aufgeschlagen.

Nach 47 Jahren ist die alte ostpreußische Hauptstadt wieder mit dem Flugzeug, Sonderzügen der Deutschen Reichsbahn und mit Linienschiffen erreichbar. Auch eine direkte Straßenverbindung von Königsberg nach Berlin soll geplant sein, welche die bereits vor dem Krieg zwischen Königsberg und Elbing fertiggestellte Autobahn einbezieht.

Mit dem Ausbau der Verkehrsverbindungen wächst die Hoffnung auf einen Wirtschaftsaufschwung, war Königsberg doch einst aufgrund seiner günstigen geographischen Lage Drehscheibe des Ost-West-Handels.

So gibt es konkrete Pläne für eine »internationale Freihandelszone« mit Zollvergünstigungen und Steuervorteilen für ausländische Investoren. Auf die Mitwirkung der Deutschen wird dabei von russischer Seite großer Wert gelegt. Hamburg, Lübeck und Bremen beabsichtigen, in der ehemaligen Hansestadt Königsberg ein »Hansekontor« einzurichten.

Groß ist auch das Interesse an jeder Art von kultureller Begegnung mit den Deutschen. Ein bescheidener Anfang erfolgte im Herbst 1991 mit dem deutsch-russischen „Königsberg-Musik-Festival“ oder der Ausstellung „Ostpreußische Künstler in Königsberg«.

Bald wieder Königsberg?

Es scheint nur noch eine Frage der Zeit, bis die Stadt ihren alten Namen zurückerhält – durch eine Volksbefragung wie bei der kürzlichen Rückbenennung von Leningrad in St. Petersburg.

Zwar wurde das monumentale Denkmal Michail Kalinins vor dem Königsberger Hauptbahnhof noch nicht wie in Moskau und andernorts gestürzt, doch ist besonders nach Ansicht vieler junger russischer Bürger der einstige enge Mitarbeiter Lenins und Stalins als Namensgeber nicht mehr tragbar für eine Stadt, in der Immanuel Kant, der bedeutendste Philosoph der deutschen Aufklärung, lebte und lehrte.

Königsberg oder Kaliningrad, das ist für die junge Generation keine isolierte Frage nach dem künftigen Namen. Es geht um ihre Identität angesichts der jahrzehntelang vorenthaltenen deutschen Vergangenheit ihrer Geburtsstadt, deren Geschichte nach sowjetischer Doktrin ja erst mit der Eroberung durch die Rote Armee im Jahre 1945 begann.

Dabei sind es vor allem die wenigen noch nicht getilgten Bau- und Kunstdenkmäler der Stadt – zwischen meist tristen Betonblocks und sowjetischen Heldendenkmalen –, die immer wieder die Frage nach der geschichtlichen Wahrheit stellen.

Der Untergang der Stadt

Die fast siebenhundertjährige deutsche Geschichte Königsbergs, der östlichsten Großstadt Deutschlands mit zuletzt 380 000 Einwohnern, endete am 10. April 1945 mit der Kapitulation der zur Festung erklärten Stadt unter General Lasch und ihrer vollständigen Besetzung und Plünderung durch die Rote Armee.

Von der zu diesem Zeitpunkt noch etwa 110 000 Personen zählenden Zivilbevölkerung gingen 85 000 bis zum Frühjahr 1947 durch Hunger, Seuchen, Gewalt und Verschleppung zugrunde – eine Zahl, die das erschütternde Schicksal der ostpreußischen Bevölkerung nur andeuten kann. Der Rest wurde 1947–49 nach West- und Mitteldeutschland ausgewiesen.

Die rund 35 000 Soldaten wurden in die Kriegsgefangenschaft abtransportiert.

Von dem Kriegsgeschehen war Königsberg lange Zeit kaum unmittelbar betroffen, bis zwei nächtliche Angriffe englischer Fernkampfbomber am 26./27. und 29./30. August 1944 die gesamte Innenstadt und Teile der Außenbezirke in Schutt und Asche legten und Tausende ziviler Opfer forderten.

Was noch stehenblieb, ging im Frühjahr 1945 bei der sowjetischen Belagerung und Eroberung der Stadt im Geschützfeuer der Artillerie und Bombenhagel der Luftflotte unter.

Die zuletzt zu 90 Prozent zerstörte Innenstadt bestand nur noch aus brandgeschwärzten Ruinen. Mit den Bauten waren auch ihre Ausstattung und all die Kunstschätze verloren, soweit sie nicht als Kriegsbeute in sowjetische Museen gelangten.

Nicht unbedeutend ist aber auch das, was noch nach dem Krieg an Kulturgütern beseitigt wurde.

So war fünf Jahre nach dem Beginn des Zweiten Weltkrieges, der in einer unvorstellbaren Katastrophe enden sollte, die alte Haupt- und Residenzstadt Ostpreußens ausgelöscht.

Singuläre Farbdokumente

Von dem einstigen architektonischen Reichtum Königsbergs mit dem alle Epochen der preußischen Geschichte dokumentierenden Schloß, dem mittelalterlichen Dom und dem historischen Speicherviertel am Pregel zeugen die den ersten Teil des Buches einnehmenden einzigartigen Farbaufnahmen von Oberregierungsbaurat Michael Reinhart, verwandt mit einem der Autoren.

Die Bilder wurden im Sommer 1942 – nicht einmal zwei Jahre vor dem verheerenden englischen Bombardement – mit einer Leica auf damals neuartigem Agfacolor-Diafilm festgehalten, also zu Beginn der modernen Farbphotographie, und stellen daher unvergleichliche Zeitdokumente von der noch unzerstörten Stadt dar.

Die ungeachtet aller ehrwürdigen Patina von fast fünfzig Jahren in erstaunlicher Natürlichkeit am Betrachter vorüberziehenden architektonischen Glanzlichter Königsbergs entzündeten bei den Autoren die Idee, die alten Photographien durch neue vom verbliebenen Denkmälerbestand zu ergänzen.

Was blieb vom alten Königsberg?

Im Verlauf der »archäologischen Feldforschung« fand sich im ganzen mehr als gemeinhin angenommen, so daß von einem völligen Untergang des alten Königsberg nur bedingt die Rede sein kann.

Ja, man kann feststellen: es ist noch genügend vorhanden, um Königsberg in Kaliningrad zu erkennen. Zwar konnte nicht all das Wiederentdeckte aufgenommen werden, jedoch ist das Wesentliche in über hundert Farbphotographien erfaßt und mit erläuternden Texten versehen. (Der Stadtplan von 1931 am Ende des Buches soll die Lokalisierung der einzelnen Bauten erleichtern).

Aus ästhetischen und inhaltlichen Gründen, nämlich zur ungestörten Dokumentation des Verbliebenen und seiner Würdigung, treten die modernen »Bauleistungen« des städtebaulichen Umfeldes nicht in Erscheinung, oder nur, wenn es sich gar nicht vermeiden läßt. Deshalb fehlen auch Panoramaaufnahmen fast gänzlich.

Fügt man die unter solch eingeengtem Blickwinkel aufgenommenen Einzelmotive zu einem Bildband zusammen, täuscht der Gesamteindruck jedoch über die tatsächliche Realität der heutigen Stadt hinweg.

Kaliningrad ist eine moderne Großstadt mit mehr als 400 000 Einwohnern, die sich nicht von anderen sozialistischen »Musterstädten« der einstigen Sowjetunion unterscheidet. Der Neuaufbau vollzog sich nicht nach alten Plänen unter Berücksichtigung der historischen Bausubstanz. Es wurde nicht wiederhergestellt, sondern großflächig abgeräumt. Die Stadtplanung war wie das Geschichtsbewußtsein von Ignoranz und Ablehnung der deutschen Vergangenheit geprägt. Das Gesicht Königsbergs, vor allem sein Kern, wurde so gründlich getilgt wie das keiner anderen deutschen Stadt. Das neue Stadtbild kennzeichnen breite Straßenzüge mit gesichtslosen Betonbauten und immer wieder große freigelassene Flächen.

Schloß und Dom – Wahrzeichen der Stadt

Das weiträumige Gelände des Schlosses, in dessen Innenhof leicht der gesamte Dom Platz gefunden hätte, blieb größtenteils unbebaut.

Die Ruine des alten Ordensschlosses, der Keimzelle der Stadt, war erst 1969 als »Symbol des Preußentums« gesprengt und das Gelände planiert worden. Schon zuvor hatte der noch immer die Stadt überragende Turm, 1945 durch Artilleriebeschuß schwer beschädigt, wegen »Baufälligkeit« fallen müssen.

An der Stelle des Schlosses befindet sich heute eine weite gepflasterte Fläche mit Springbrunnenanlagen und Blumenrabatten, über einem Teil des Ostflügels das »Haus der Räte«, ein wegen Absenkung des Untergrundes seit Jahren unvollendeter Betonklotz von abstoßendem Äußeren.

Heute bedauern auch die Russen, die Schloßruine nicht wieder aufgebaut zu haben, damals aber herrschte diesbezüglich noch ein ganz anderer Geist.

Die rings um das Schloß aufgestellten Denkmäler der dort residierenden Herrscher wurden wie an anderen Plätzen der Stadt gestürzt und verschleppt, ein Teil soll für die Kolossalstatue Stalins am Trommelplatz eingeschmolzen worden sein.

Nichts dokumentiert die Auslöschung des alten Stadtzentrums nachhaltiger als der Blick auf die bis auf die Domruine leer geräumte Kneiphofinsel, die ehedem über zwanzig belebte und eng bebaute Straßen aufwies. Der Dom, würdiges Beispiel ostdeutscher Backsteingotik, ist heute das einzige mittelalterliche Bauwerk der Stadt – einst Grablege von Bischöfen und Domherren, Hochmeistern des Deutschen Ordens und preußischen Herzögen.

Die Ruine des Domes entging offenbar nur knapp dem Schicksal des Schlosses, vermutlich wegen der dort liegenden Grab- und Gedenkstätte Immanuel Kants – wurde dieser doch als Wegbereiter der marxistisch-leninistischen Lehre vereinnahmt.

Heute aber mehren sich die Stimmen für einen Wiederaufbau des Domes.

Das Schicksal der Kirchen und Friedhöfe

Von den einstmals mehr als zwanzig Kirchenbauten Königsbergs sind nur wenige erhalten geblieben. Einige, die noch soweit intakt waren, daß sich ein

Wiederaufbau angeboten hätte, wurden sogar erst nach dem Krieg beseitigt, andere restauriert und als Turnhalle, Puppentheater oder Konzerthaus zweckentfremdet. Die lange Zeit als Fabrik für Fischereibedarf genutzte Kreuzkirche aber soll wieder Gotteshaus werden. Aus der nach Plänen Friedrich Schinkels errichteten Altstädter Kirche stammen die stattlichen Säulen des Portals, das den Eingang zum »Stadion Baltika«, dem ehemaligen Walter-Simon-Platz, bildet.

Am schmerzlichsten empfindet man die systematische Einplanierung der zahlreichen deutschen Friedhöfe. Auf dem Gelände des III. Altstädtischen Friedhofs bei der Luisenkirche drehen sich heute sogar Karussells des »Kulturparks Kalinin«. Grabsteine finden sich nur noch als Einfassung des nun russischen Luisenfriedhofs oder als Wegeplatten auf dem Flughafen Devau. Erfreulicherweise wird das nach dem Krieg im Max-Aschmann-Park gestürzte Denkmal für die Gefallenen des Ersten Weltkrieges, das einen nackten gefallenen Soldaten, die Heimaterde umklammernd, darstellt, in Kürze wiederhergestellt.

Die Tore – Schmuckstücke der Stadt

Überraschend gut erhalten ist der seit der Mitte des vorigen Jahrhunderts die Innenstadt umgebende neue Befestigungsring mit Bastionen und Türmen, dem Fort Friedrichsburg, vor allem aber mit den fünf der Tudorgotik nachempfundenen Toranlagen in Backstein.

Die Tore sind zwar durch den Krieg in Mitleidenschaft gezogen worden – insbesondere wurden den Herrscherstatuen, die sie schmückten, die Köpfe abgeschlagen, so auch am Königstor dem Namenspatron der Stadt, König Ottokar II. von Böhmen – dennoch sind sie eine besondere Zierde der Stadt geblieben. Zum Teil hat man die zu Baudenkmälern erklärten Tore erst jüngst restauriert. Das Friedländer Tor soll zu einem Museum mit Erinnerungsstücken an das alte Königsberg wie Architekturteilen, Straßenschildern und Bierflaschen der Brauerei Ponarth umgebaut werden.

Hier an den alten Festungsanlagen, etwa bei einem Spaziergang auf der baumbestandenen Wallkrone längs des Wassergrabens im Nordosten, mag mancher noch für Momente wähnen, sich in der alten Stadt zu befinden und meinen, einfach nur stadteinwärts wandern zu müssen, um alles anzutreffen wie ehedem.

Bahnhöfe und Reichsbahnbrücke

Heil überstanden haben den Krieg auch die nach der Anfang dieses Jahrhunderts eingeleiteten Entfestigung der Stadt im ehemaligen Festungsgelände erbauten Bahnhöfe, der Haupt- und Nordbahnhof aus dem Ende der 20er Jahre, und große Teile der diese Bahnhöfe verbindenden Reichsbahnbrücke über den Pregel mit einem der beiden charakteristischen Ziegeltürme am ehemals für die Durchfahrt der Schiffe ausschwenkbaren Teil.

Hafen, Speicher und Börse

Zu den besterhaltenen Bauten gehören im unterhalb der Reichsbahnbrücke beginnenden Außenhafen neben dem Gebäude der Zollverwaltung der Gruppen- und Turmspeicher, das Königsberger Lagerhaus und die Walzmühle, damals die größten Getreidespeicher und -mühlen Europas.

Im Gegensatz dazu ist das innerstädtische Speicherviertel an dem Hundegatt genannten Pregelarm mit seinen malerischen Fachwerkbauten völlig verschwunden. An seiner Stelle befindet sich heute ein großer Eissportpalast.

Unweit davon liegt am Südufer des alten Pregel das unversehrteste Gebäude der Innenstadt, die im Stil der florentinischen Renaissance errichtete repräsentative Börse. Das einstige Zentrum des Handels ist heute Wahrzeichen der Stadt.

Vorhandene und verlorene öffentliche Bauten

Ferner haben eine Vielzahl von öffentlichen Bauten der Verwaltung, Kultur, Wissenschaft und Bildung überdauert, wenn auch zum Teil architektonisch entstellt und im Farbanstrich russischem Geschmack angepaßt.

So vor allem in dem vor und verstärkt nach dem ersten Weltkrieg entstandenen neuen Zentrum im Nordwesten der Stadt um den Hansaplatz und -ring der vom Magistrat als »Stadthaus« übernommene Handelshof, heute Sitz der Stadtregierung, das Polizeipräsidium, jetzt Unterkunft der Staatssicherheit, das Land- und Amtsgericht, die Oberpostdirektion, das Postscheckamt, das Landesfinanzamt, das Preußische Staatsarchiv, das Neue Schauspielhaus und die Ruine des »Hauses der Technik«, der monumentalen Ausstellungshalle auf dem Gelände der Deutschen Ostmesse.

Außerdem blieben erhalten: die aus der Kriegsruine wiedererrichtete Stadthalle am Schloßteich, nun Historisches Museum der Stadt, die Kunsthalle am Wrangelturm, die Kunstakademie in Rathshof, das Gebäude der Ostpreußischen Landschaft in der Landhofmeisterstraße, die Palästra Albertina auf dem Tragheim – das erste Studentenhaus Deutschlands, die Reichsbahndirektion an der Vorstädtischen Langgasse, das Arbeitsamt an der Friedrich-Ebert-Straße oder die Ostpreußische Feuersozietät in der Königstraße.

Hingegen sind so wichtige Bau- und Kunstdenkmäler vollständig verschwunden wie die Regierung am Mitteltragheim, das Landeshaus mit der Provinzialverwaltung Ostpreußens in der Königstraße, das Kneiphöfische Rathaus mit dem Stadtgeschichtlichen Museum, das Opernhaus am Paradeplatz, die Alte Universität auf dem Kneiphof, die Neue Universität mit dem Reiterstandbild König Friedrich Wilhelm IV. und der Statue Immanuel Kants im Königsgarten, die Staats- und Universitätsbibliothek am Mitteltragheim mit über 600 000 Bänden, das Geologische Institut mit der bedeutendsten Bernsteinsammlung der Welt, die Sternwarte am Steindammer Wall, die Hauptpost und das Telegraphenamt am Gesekusplatz sowie die Reichsbank am Schloßplatz und die Ostpreußenhalle beim Friedländer Tor.

Schulen, Kranken- und Waisenhäuser, obgleich zu einem Teil vorhanden wie das Hufengymnasium an der Hufenschlucht, die Mädchengewerbeschule in der Beethovenstraße, das Städtische Krankenhaus auf dem Hinterroßgarten und das Königliche Waisenhaus am Sackheimer Tor, müssen in der Bilddokumentation unberücksichtigt bleiben.

»Stadt im Grünen«

In den photographischen Überblick einbezogen werden aber die zahlreichen, oft gartenarchitektonisch gestalteten Grünanlagen, deretwegen Königsberg als die »Stadt im Grünen« gerühmt wurde.

So ist vor allem ein Großteil des ehemaligen Festungsgeländes in einen Grüngürtel umgewandelt worden, noch immer reizvoll die Seetier-Balustrade am Oberteichufer oder die Kaskaden zwischen Ober- und Schloßteich.

In einem verwilderten Zustand befinden sich der Botanische Garten und der Volksgarten am Deutschordenring. Ein alteingewachsener Landschaftspark ist Luisenwahl mit dem Luisenhäuschen, welches das preußische Königspaar 1808 und 1809 zum Sommersitz wählte – in der Nähe das Denkmal der Königin Luise am höchsten Punkt des Parkes.

Beliebte Wanderwege begleiten den Rathshöfer Freigraben und den Landgraben im Westen der Stadt. Zum Max-Aschmann-Park im Norden gibt es eine Promenadenverbindung vom Oberteich über die Stadtgärtnerei in Maraunenhof.

Der Königsberger Tiergarten

In einer idyllischen Parklandschaft beiderseits der Hufenschlucht angelegt wurde der Königsberger

Tiergarten, der mit seinem reichen Tierbestand, dem Aussichtsturm und dem Gesellschaftshaus mit der Leuchtfontäne zu den schönsten zoologischen Gärten Deutschlands gehörte. Davon vermitteln die alten Tierhäuser und -gehege nurmehr einen schwachen Eindruck. Das halb verfallene Gesellschaftshaus wird gar als Elefantenhaus genutzt. Erst im Frühjahr 1991 aber wurde das hübsche Denkmal des ersten Direktors des Tierparks, Hermann Claaß, wiederhergestellt.

Gut erhaltene Villenviertel

Durch diese Grün- und Erholungszonen gewannen auch die Wohnviertel auf den Hufen, in Amalienau, Rathshof und Maraunenhof erheblich an Attraktivität.

Im Gegensatz zur Innenstadt, wo nur wenige Wohnbauten erhalten blieben und durch die moderne Stadtplanung weiter dezimiert werden, sind diese äußeren Wohngebiete verhältnismäßig glimpflich davongekommen. Inmitten herrschaftlicher Gründerzeit- und Jugendstilvillen fühlt man sich bisweilen noch in die alte deutsche Zeit zurückversetzt.

Bewahrung der Kulturdenkmäler

Der vorliegende Bildband ist der Versuch einer aktuellen Bestandsaufnahme und Würdigung der wichtigen Bau- und Kunstdenkmäler des alten Königsberg.

Das Interesse eines größeren Kreises nicht nur der Erlebnisgeneration, sondern auch der jüngeren Generation an der Hauptstadt Ostpreußens und ihrem Kulturgut zu wecken und dieses ins Bewußtsein einer breiteren Öffentlichkeit zu rücken, ist das Hauptanliegen des Buches.

Damit sei zum Schluß der Aufruf verbunden, ideelle und finanzielle Unterstützung für die Erhaltung und Wiederherstellung der noch verbliebenen Kultur- und Geschichtsdenkmäler zu leisten, die einen bedeutenden Bestandteil des deutschen Kulturerbes bilden.

Diesem Ziel haben sich zwar bereits verschiedene öffentliche oder private Organisationen und Institutionen verschrieben, dennoch täte eine übergreifende staatliche Initiative zu einer Art »Deutsche Stiftung Denkmalschutz Königsberg und Ostpreußen« not.

Ungeachtet aller Macht des Faktischen gilt es nämlich in und um Königsberg ein Kultur- und Geisteserbe von europäischer Dimension zu bewahren.

Wer könnte dies besser bekennen als einer der bedeutendsten Denker des Abendlandes und der größte Sohn Königsbergs, Immanuel Kant: »Eine große Stadt, der Mittelpunkt eines Reichs, in welchem sich die Landescollegia der Regierung desselben befinden, die eine Universität (zur Kultur der Wissenschaften) und dabei noch die Lage zum Seehandel hat, welche durch Flüsse aus dem Innern des Landes sowohl als auch mit angrenzenden entlegenen Ländern von verschiedenen Sprachen und Sitten einen Verkehr begünstigt, – eine solche Stadt, wie etwa *Königsberg* am Pregelflusse, kann schon für einen schicklichen Platz zu Erweiterung sowohl der Menschenkenntnis als auch der Weltkenntnis genommen werden, wo diese, auch ohne zu reisen, erworben werden kann« (aus der Vorrede zur Anthropologie in pragmatischer Hinsicht, Königsberg 1798).

KÖNIGSBERG IM SEPTEMBER 1942

aufgenommen von
Oberregierungsbaurat Michael Reinhart
(† 1976)

Diesen Anblick bot Königsberg demjenigen, der sich der Stadt auf dem Pregel näherte: In der linken Bildhälfte am Horizont – gerade noch erkennbar – die Türme von Schloß und Dom (Standpunkt: vor der Waggonfabrik Steinfurt am Holsteiner Damm).

Nun schon im Binnenhafen sah man sich einer Reihe großer Lagerhäuser am Vorstädtischen Ufer an der Großen Kranstraße gegenüber, darunter dem doppeltürmigen Grünbaumspeicher von 1913 (Standpunkt: Kai der Kneiphofinsel).

Am Hundegatt, der westlichen Pregelschleife um die Kneiphofinsel, deren Kaimauern links ins Bild ragen, breitete sich die alte Speicherstadt aus, genannt Lastadie (mittellateinisch Lastadigum = Schiffsbalast, Platz zum Be- und Entladen von Schiffen).

Die Detailaufnahme verdeutlicht den Reiz der hohen Fachwerkspeicher aus dem 16. – 19. Jahrhundert mit ihren aus den Giebeln ragenden Lastenkränen. In der Quergasse rechts die beiden ältesten Speicher mit den Hausmarken »Hengst« und »Bulle« von 1589.

Vorherige Doppelseite: An der Nordostecke des Kneiphofs befand sich links die 1544 von Herzog Albrecht gestiftete Alte Universität, das Albertinum, an dem Immanuel Kant fast ein halbes Jahrhundert lehrte. Die Universitätsräume beherbergten zuletzt Stadtarchiv und -bibliothek. Rechts hinter der Häuserfront zum Fischmarkt überragt der spitze Turm des Schlosses die Altstadt am neuen Pregel.

Wuchtig und wehrhaft erhob sich die Westfassade des Königsberger Domes, eines bedeutenden Bauwerkes der ostdeutschen Backsteingotik aus dem 14. Jahrhundert. Das Ungleichgewicht von Giebel- und Rundturm ist auf den Brand von 1544 zurückzuführen.

Als Mittelpunkt und Wahrzeichen der Stadt beherrschte das vom Deutschen Ritterorden um 1255 gegründete Schloß mit seiner Südwestecke den Kaiser-Wilhelm-Platz, benannt nach Wilhelm I., dessen Krönungsstatue seit 1894 von der Schloßterrasse blickte. Der 82 Meter hohe Turm mit neugotischer Spitze von 1866, dessen untere Hälfte zu den ältesten ordenszeitlichen Teilen des Schlosses gehörte, wurde später in den herzoglichen Westflügel mit den starken Ecktürmen aus dem 16. Jahrhundert einbezogen.

Den Schloßhof begrenzte die durch Strebepfeiler gegliederte Langfront der das Hauptgeschoß des Westflügels einnehmenden Schloßkirche, Krönungsort des ersten preußischen Königs Friedrich I. (1701) und des späteren deutschen Kaisers König Wilhelm I. (1861). Der darüber liegende sog. Moskowitersaal, von außen erkennbar an seinen Rundbogenfenstern, zählte zu den größten Saalbauten seiner Zeit.

Den Nordflügel des Schlosses mit der Wohnung des Ordensmarschalls aus der frühesten Ordenszeit charakterisierte die erst später vorgesetzte hölzerne Turniergalerie, darunter ein niedriger Vorbau mit dem Eingang zum »Blutgericht«, dem berühmten Königsberger Weinlokal, dessen Kellergewölbe einstmals als Kerker und Folterkammer des Hofhalsgerichtes dienten.

Der Schloßteich, einst durch Aufstauung des Katzbaches entstanden,
um die Gräben der Ordensburg und die Mühlen mit Wasser zu versorgen,
war mit seinen Promenaden, angrenzenden Cafés, Bootsstegen und der hölzernen
Fußgängerbrücke ein ganz besonderer Anziehungspunkt
(im Bild das Café »Bellevue«, Weißgerberstraße 1).

Von der Schloßteichbrücke führte die Große Schloßteichstraße nach Westen
zum Paradeplatz und Königsgarten mit dem Reiterstandbild Friedrich Wilhelm III.
Sein Sohn König Friedrich Wilhelm IV. legte 1844 den Grundstein zur
Neuen Universität im Stil der italienischen Renaissance nach dem Entwurf von
August Stüler, einem Schüler Schinkels. Am Mittelbau das Reiterrelief
Herzog Albrechts, des Gründers der Alten Universität auf dem Kneiphof.

Die vom Schloßteich in östlicher Richtung verlaufende Weißgerberstraße traf auf den Roßgärter Markt, damals einen der verkehrsreichsten Plätze Königsbergs, worauf neben den zahlreichen, sich kreuzenden Straßenbahnschienen die Wegweiser nach Cranz, Labiau und Insterburg hindeuten. In der rechten Bildmitte das alte Gouverneurshaus des Herzogs Friedrich Ludwig v. Holstein-Beck aus dem Anfang des 18. Jahrhunderts – später Pionierkasino – an der Stelle des alten Schirrhofes am Roßgarten.

In Anzeigen als »Das größte und schönste Kino des Ostens« gepriesen wurden die Alhambra-Lichtspiele Ecke Wagnerstraße/Steindamm, letzterer eine der bedeutendsten Geschäftsstraßen der Stadt vom Gesekusplatz am Schloß zum Nordbahnhof.

Am Hansaplatz, dem neuen Zentrum, lag der 1930 von Martin Stallmann erbaute Nordbahnhof, Ausgangspunkt für die Samlandbahn zu den Ostseebädern Cranz und Rauschen sowie den »Rasenden Litauer« nach Labiau und Tilsit.

NORDBAHNHOF
NORDBAHNHOF (HOSPIZ)

KÖNIGSBERG
IM
JUNI/SEPTEMBER 1991

aufgenommen von
Heinrich Lange
und
Alexander von Normann

Schloßterrasse

Diesen Anblick bietet heute die ehemalige Schloßterrasse (Seite 21), die weitgehend unbebaut geblieben ist. Hat das alte Ordensschloß den Kriegszerstörungen und der späteren sowjetischen Sprengung zum Trotz seinen Platz behauptet?

Schloßteich

Fehlt auch die einstige enge Uferbebauung des Schloßteiches, so erinnert doch die halbrunde Ausbuchtung links an den Aufstellungsort des überlebensgroßen Bogenschützen von Fritz Heinemann (1910). Bei dem unscheinbaren, sich kaum von den Neubaublocks abhebenden hellen Bau in der Mitte handelt es sich um das einst so elegante Parkhotel (1930) auf dem Hintertragheim. Die Anfang der 80er Jahre errichtete Betonbrücke überquert den Schloßteich etwa an der Stelle der ursprünglichen hölzernen Brücke (Standort: Münzplatz).

Auf dem Vorderroßgarten dem Parkhotel gegenüber liegt die 1912 eingeweihte Stadthalle an der östlichen Schloßteichpromenade, bis auf das Dachgeschoß unverändert aus der Kriegsruine wiedererrichtet. Einst größtes Konzert- und Kulturhaus Ostdeutschlands, an dem als Gastdirigenten u. a. R. Strauß, H. Pfitzner und W. Furtwängler wirkten, jetzt Historisches Museum der Stadt.

Palästra Albertina

Anstelle der nicht mehr existierenden Front der Neuen Universität soll die der Palästra Albertina treten, die allerdings durch das Fehlen der Turmhauben und Ziergiebel stark entstellt ist. Der Ziegelrohbau mit neugotischer Fassade wurde 1894–98 von Fritz Heitmann errichtet als Stiftung des in New York lebenden Arztes Friedrich Lange, eines ehemaligen Studenten der Albertina, zu deren 350-Jahrfeier. Dieses erste Studentenhaus Deutschlands umfaßte Hallenbad, Turn- und Fechtsäle, Korporationsräume und Mensa.

Roßgärter Markt

Das letzte Zeugnis aus deutscher Zeit inmitten des Roßgärter Marktes, jenes Verkehrsknotenpunktes östlich vom Schloßteich, von dem fünf belebte Straßen abführten (vgl. Bild Seite 28).

Dom

Über das originale, mit Eichenlaub verzierte Geländer der Holzbrücke von 1904 hinweg fällt der Blick auf die Domruine der einst dicht bebauten Kneiphofinsel (prussisch »knieipe« = unter Wasser drücken, bezugnehmend auf den sumpfigen Untergrund). Deren Nordostecke nahm früher die Alte Universität ein (vgl. Bild Seite 16).

Die Südostansicht zeigt an der Rückwand des Hohen Chores den mittelalterlichen Wehrgang mit dem auffälligen Ecktürmchen, der die Absicht des Bischofs von Samland verrät, seine Hauptkirche als Domburg auszubauen, wogegen aber der Orden als Landesherr Einspruch erhob. So erklärt es sich, daß die anschließenden Langseiten des Chores nurmehr als schwächere Mauern mit Strebepfeilern verwirklicht wurden.

MANUEL KANT
1724-1804

IMMANUEL KANT
1724-1804

Im morgendlichen Gegenlicht offenbart sich nachdrücklich die Fragilität des einst auf Tausenden von Eichenpfählen gegründeten Dommassivs.

Links: An der Nordostecke des Domes erhielt Immanuel Kant 1924 zu seinem 200. Geburtstag über der Gruft mit den Gebeinen eine von schlanken Porphyrpfeilern umstandene Ehrenhalle mit einem Kenotaph aus schwarzem Granit, die sog. »Stoa Kantiana«, entworfen von Friedrich Lahrs, Architekturprofessor an der Königsberger Akademie.

Hauptschiff und Hoher Chor mit dem geschliffenen Grabdenkmal Herzog Albrechts von Preußen. Die Chorfenster trugen an der Nordwand die Wappen der Hochmeister, an der Südwand die der Hohenzollernfürsten.

Links: Schatten steigen an der in der letzten Abendsonne erstrahlenden Backsteinfront empor – Menetekel für die noch verbliebene Bausubstanz? Der Giebel des linken Turmes stürzte erst nach 1975 herab.

Rechts: Die Portalseite nahm die große Barockorgel des bedeutenden preußischen Orgelbauers Johann Josua Mosengel ein.

Im Südturm war ein Teil der berühmten v. Wallenrodtschen Bibliothek aus dem 17. Jahrhundert untergebracht. Die große Silberglocke aus dem Geläut darüber erklingt heute auf Schloß Wupper im Bergischen Land.

Stadtbefestigung

Den historischen Stadtkern um Schloß und Dom umgab seit Mitte des 19. Jahrhunderts ein dem Verlauf der barocken Wehranlagen (1626–1634) weitgehend entsprechender neuer Befestigungsring, im Norden besonders markant das Turmpaar »Wrangel« und »Dohna«, welches die weite Fläche des Oberteiches abschirmte. Diesen stauten bereits die Ordensritter als Fischteich auf.

Wrangelturm

Östlich vom Wrangelturm am Wallring, benannt nach dem Feldmarschall Graf Wrangel (1784–1877), wurde im Rahmen der seit der Jahrhundertwende durchgeführten Entfestigung der Stadt 1910 die erste Bresche in die Stadtmauer geschlagen, um eine Verbindung zum neu entstehenden Villenvorort Maraunenhof herzustellen.

Auf der spitz zulaufenden Festungsmauer im Vordergrund stand seit 1924 eine Bronzefigur des »Deutschen Michel« von Friedrich Reusch, dem Bildhauer der Kunstakademie, der zuvor schon die rings um das Schloß aufgestellten Denkmäler Herzog Albrechts, Kaiser Wilhelm I. und Bismarcks geschaffen hatte.

Oberteich-Balustrade und Kaskaden

Am Oberteichufer entstanden anstelle der Wehrmauern zwischen Wrangel und Dohna gartenarchitektonisch gestaltete Grün- und Zieranlagen. Stimmungsvoll die durch Seetiere bevölkerte Steinbrüstung von 1913. In ähnlicher Weise wurde auf Initiative der Oberbürgermeister Körte und Lohmeyer ein Großteil des ehemaligen Festungsgeländes durch die von ihnen berufenen Gartenbaudirektoren in einen Grüngürtel umgewandelt, der Königsberg in den ersten Jahrzehnten dieses Jahrhunderts zur »Stadt im Grünen« machte.

Mit Arkadenbögen, rundem Bassin und Kanal reizvoll gestaltet wurden die 1929 fertiggestellten Kaskaden, die das Wasser des Oberteichs dem Schloßteich zuleiteten. Vor dem mittleren Bogen der oberen Arkade blickte eine heute verlorene Mädchenfigur aus Bronze herab.

Dohnaturm

Generalfeldmarschall Friedrich Graf zu Dohna (1784–1859) war Namensgeber für den mächtigen Rundturm Dohna.

Der Turm enthält heute das Bernsteinmuseum, in dem auch Restbestände der einzigartigen Bernsteinsammlung des Geologischen Instituts der Universität aufgingen.

Roßgärter Tor

Das dem Dohnaturm unmittelbar benachbarte Roßgärter Tor ist Beispiel für den romantisch-neugotischen Stil der Backsteinarchitektur unter Friedrich Wilhelm IV., in dem die meisten Tore der von 1843–62 neu ausgebauten Wallanlagen gehalten waren.

Die am Torbogen einander gegenübergestellten Porträtmedaillons der preußischen Generäle v. Scharnhorst und v. Gneisenau blieben unangetastet, letzterer als Generalstabschef Blüchers Nachfolger Scharnhorsts und Hauptgegenspieler Napoleons in den Freiheitskämpfen.
Die Medaillons wie auch den plastischen Bauschmuck der Tore fertigte der Bildhauer Wilhelm Stürmer aus gelbem Sandstein.

Kaserne Kronprinz

Mit der »Defensionskaserne Kronprinz« hinter der Bastion Grolman, ehemals Unterkunft des Grenadierregiments 1 Kronprinz, begannen die Erweiterungsbauten am Befestigungsgürtel, der im Nordost-Abschnitt zwischen Roßgärter Tor und Königstor besonders gut erhalten ist.

Hier die baumbestandene Wallkrone mit Wasser führendem Graben.
Vom Spazierweg bot sich früher ein ungehinderter Rundblick.

Ostpreußische Feuersozietät

Das Königstor bildet den Abschluß der Königstraße, an deren Ende sich noch das Gebäude der Ostpreußischen Feuersozietät befindet, Beispiel für die Zweckbauten im Backsteinstil um die Jahrhundertwende.

Königstor

Am Torturm die Sandsteinfiguren dreier für die Königsberger Geschichte bedeutsamer Herrscherpersönlichkeiten, deren Köpfe gewaltsam abgeschlagen wurden.

Links König Ottokar II. von Böhmen, Namenspatron der Stadt »Königsberg«, rechts der letzte Hochmeister und Begründer des Herzogtums Preußen, Albrecht, und in der Mitte der erste preußische König Friedrich I. Unter den Statuen ihre Wappen, darüber die der altprussischen Landschaften Samland und Natangen.

Sackheimer Tor

Das Yorcktor am Ende des Sackheim, allgemein bekannt als das Sackheimer Tor, war an der Stadtseite mit den Bildnissen der Generäle Yorck v. Wartenburg und v. Bülow geschmückt. Von den beiden Freiheitskämpfern gegen Napoleon zeugen nurmehr die leeren Medaillons.

Die Anbringungsstelle des ebenfalls entfernten preußischen Adlers zeichnet sich trotz des neuen Farbanstrichs noch deutlich über dem landseitigen Torbogen ab.

Hohe Brücke

Rechts: Über die Hohe Brücke, an deren Südende noch das alte Brückenzollhäuschen steht (im Hintergrund ein erhaltener Wohnblock am Ende des Oberhaberbergs beim Viehmarkt), erreichte man die Bastion Pregel am alten Pregel und das Friedländer Tor mit der Ausfallstraße nach Südosten (vgl. Folgeseiten).

Bastion Pregel

Friedländer Tor

Breitgestellte Tudorbögen und von Türmchen unterbrochene Zinnenreihen charakterisieren das 1862 als letztes errichtete Friedländer Tor, welches wie das Roßgärter Tor noch seine über den Wassergraben führende Brücke besitzt.

Die Statue des Grafen Friedrich von Hohenzollern auf der Stadtseite ist verschwunden, aber der Hochmeister Siegfried von Feuchtwangen mit dem Modell der Marienburg auf der Landseite soll seinen Kopf zurückerhalten.

Brandenburger Tor

Richtung Berlin auf der Reichsstraße 1 führte der Weg durchs Brandenburger Tor, das sich durch seine mit Krabben und Kreuzblumen besetzten Spitzgiebel auszeichnet. Diese zeigen an der Außenseite die preußischen Adlerwappen mit dem Kürzel »FR« für Fridericus Rex, an der Innenseite die Medaillonbüsten der Generäle v. Boyen und v. Aster. Feldmarschall v. Boyen erließ als Kriegsminister das Gesetz über die Allgemeine Wehrpflicht, General v. Aster war als Chef des Ingenieurkorps und Generalinspekteur der Festung für Planung und Durchführung des Befestigungsringes zuständig.

Fort Friedrichsburg

Das ehemals viertürmige Eingangstor ist der letzte Überrest des um 1850 im Zuge des Festungsausbaues erneuerten Forts Friedrichsburg, das der Große Kurfürst Friedrich Wilhelm 1657 gegenüber dem »Holländer Baum« am südlichen Pregelufer zur Kontrolle des Königsberger Seehandels errichten ließ. Die Feste umgab einst ein vom Pregel gespeister Wassergraben.

Bastion Sternwarte

Vom Nordwestabschnitt der Wallbefestigung ist als einziges noch die Bastion Sternwarte am ehemaligen Ausfalltor erhalten, deren Benennung sich von der nahegelegenen Sternwarte im Volksgarten herleitet, an der von 1813 bis zu seinem Tode der berühmte Astronom Friedrich Wilhelm Bessel wirkte.

Nordbahnhof

Vor dem stattlichen Steindammer Tor, das 1912 der Stadterweiterung und den Erfordernissen des Verkehrs weichen mußte, entstand an der Stelle des Cranzer und Samland-Bahnhofs der die Nordseite des Hansaplatzes beherrschende Nordbahnhof (vgl. Bild Seite 31). Wie dieser haben auch das Polizeipräsidium (1914) und der Erweiterungsbau des Land- und Amtsgerichts (1933) zur Linken überdauert.

МЕЖРЕЙСОВЫЙ ДОМ МОРЯКОВ

Hauptbahnhof

Auf dem südöstlichen Festungsgelände im Haberberger Grund wurde 1929 der die alten Kopfbahnhöfe der Ost- und Südbahn ersetzende Hauptbahnhof am Reichsplatz als Durchgangsbahnhof in Betrieb genommen. Über dem großen, von acht Travertinpfeilern gegliederten Spitzbogenportal der Empfangshalle befand sich früher ein aus der Klinkerfassade hervorspringender Werksteinblock, aus dem der die Rosse zügelnde Chronos gehauen war, Sinnbild für die rasch mit der Zeit dahinstürmende Eisenbahn.

Hinter dem Bahnhofsgebäude die Stahlkonstruktion der dreischiffigen Bahnsteighalle. Von hier fuhren täglich vier Schnellzüge nach Berlin (583 km).

Reichsbahnbrücke

Die Verbindung zwischen Haupt- und Nordbahnhof stellte 1926 die Reichsbahnbrücke über den Pregel her, etwa der Linie der aufgelassenen Wälle und des abgebrochenen Forts Friedrichsburg folgend.

Damals eine der modernsten Europas, sind große Teile der doppelstöckigen Drehbrücke mit ihren v-förmigen Trägerelementen und dem Ziegelturm am Südende erhalten geblieben. Neu hinzu kamen dagegen die beiden hoch aufragenden Stahlkonstruktionen zur hydraulischen Anhebung des Mittelstücks.

Hafen

Bis 1930 verfügte die einstige Hansestadt Königsberg über einen der fortschrittlichsten Außenhäfen der Ostsee, der unterhalb der Reichsbahnbrücke begann. Um seine seit dem 1. Weltkrieg angelegten drei Hafenbecken entwickelte sich das neue Industrieviertel mit Lagerplätzen und -hallen, Kränen, Fabriken und Werften. Umseitig das Freihafenbecken mit dem Gebäude der Zollverwaltung im Hintergrund.

Gruppen- und Turmspeicher

Den Industriehafen beherrschte der gewaltige, 1924 in Betrieb genommene Doppelspeicher an der Hamburger Straße, bekannt unter dem Namen »Gruppen- und Turmspeicher«. Auf 5600 Eichenpfählen im sumpfigen Gelände errichtet, war er mit ca. 60 000 Tonnen Fassungsvermögen der größte Getreidesilo des Kontinents. Sein nahezu unverändertes äußeres Erscheinungsbild trübt nur der verblaßte Farbanstrich.

Königsberger Lagerhaus

Am Flußhafen waren schon vor der Jahrhundertwende mit dem Aufblühen der Wirtschaft im Kaiserreich und dem Bau des Seekanals für größere Handelsschiffe das Königsberger Lagerhaus und die Walzmühle am nördlichen Pregelufer entstanden. Königsberg war zu dieser Zeit einer der bedeutendsten Häfen Deutschlands für den Getreidehandel. Auf Initiative des Getreideexportagenten und Leiters der Kaufmannschaft R. Posseldt wurde die Königsberger Lagerhaus-Aktien-Gesellschaft gegründet, die im Jahre 1897 den Silospeicher fertigstellen ließ. Auch »Königsberger Lagerhaus« genannt, hatte er ein Fassungsvermögen von 36 000 Tonnen. Zu seinem Bau sollen 7,5 Millionen Ziegel erforderlich gewesen sein, deren Zahl sich freilich in Anbetracht des heutigen Erhaltungszustandes erheblich reduziert hat. Nur den Mittelteil der früher so eindrucksvollen Fassade hat der Krieg verschont – sieht man einmal von den Turmhauben ab.

Königsberger Walzmühle

Reich gegliedert sind Vorder- und Rückfront der Königsberger Walzmühle von 1889, welche seinerzeit als die größte je gebaute Roggenmühle mit einer Jahreskapazität von bis zu 45 000 Tonnen galt.

Börse

Hafen und Handel fanden ihren Ausdruck in der repräsentativen neuen Börse am südlichen Ufer des alten Pregels östlich der Grünen Brücke. Von dort nahm die Kneiphöfsche Langgasse, Sitz von Großhandel und Banken, ihren Ausgang. Der alte Kaufmannsspruch »Und wenn die Welt in Trümmer sinkt, die Börse bleibt bestehen« hat sich zwar in Königsberg bewahrheitet, doch zeigt sich der 1870/75 von dem Bremer Architekten Heinrich Müller im Stil der florentinischen Renaissance errichtete Bau heute in blau-weißem Anstrich. Auch die symbolischen Gestalten der vier Erdteile von Emil Hundrieser zieren nicht mehr die Ecken des Daches.

Die Wappen der Stadt und der Kaufmannschaft an den Schilden der Sandstein-Löwen, die die Freitreppe des Haupteingangs flankieren, hat man getilgt, ebenso die Inschrift »Industrie- und Handelskammer« (wie die »Korporation der Kaufmannschaft« seit 1918 hieß), welche die Börse zuletzt beherbergte.

Früher ohne Zwischendecke, war der große, mit doppelter Säulenhalle versehene Börsensaal wegen der hier stattfindenden Symphoniekonzerte im Winter und der Kunstausstellungen im Sommer zudem eine Stätte der Kultur und Gesellschaft.

Deutsche Ostmesse

Trotz der heutigen Einbauten ist der Haupteingang und das dachlose Innere des »Hauses der Technik« noch gut zu erkennen.
Aus dunkelroten Klinkern erbaut (vgl. die der Firma »Paul Arnold – Dreistern bei Bautzen«) war die langgestreckte Ausstellungshalle von 1925, in der auch Sportveranstaltungen und politische Massenversammlungen stattfanden, Bestandteil der entlang des Wallrings sich ausdehnenden »Deutschen Ostmesse« im Norden der Stadt.

Erstmals 1920 eröffnete Reichspräsident Friedrich Ebert die auf eine Idee des Oberbürgermeisters Lohmeyer zurückgehende Leistungsschau für Fabrikation und Gewerbe, mittels der die Position Königsbergs und Ostpreußens als Umschlagplatz im Handel zwischen Ost und West gefördert werden sollte. Mit dem zunehmenden Erfolg der neben der Leipziger wichtigsten Messe einher ging ihre räumliche Erweiterung durch die von Hanns Hopp erstellten Hallen, abgeschlossen mit dem steinernen »Haus der Technik«. Die übrigen, meist aus Holz bestehenden Messebauten sind verschwunden – mit Ausnahme des polygonalen Hauptrestaurants von 1921.

Paul Arnold
Dreistern bei Bautzen

Stadthaus

Kaum wiederzuerkennen ist der ebenfalls von Hanns Hopp um 1923 gegenüber dem Messe-Haupteingang am Hansaring erbaute Handelshof, seit 1927 als »Stadthaus« Sitz der Stadtverwaltung, der das alte Rathaus auf dem Kneiphof zu eng geworden war. Das Stadthaus bildete die Mitte der nach 1900 im Zuge Steindamm – Hansaring – Hufenallee neu geschaffenen Verkehrsachse. Im Bereich dieser entstanden bei der Verlagerung des Schwerpunktes der Stadt nach Nordwesten weitere öffentliche Bauten wie das Land- und Amtsgericht, die Oberpostdirektion, das Staatsarchiv und das Landesfinanzamt.

Landgericht

»Bullenwinkel« nannte der Volksmund wegen der 1912 aufgestellten Erzgruppe »Kämpfende Wisente« von August Gaul den Ort vor dem Landgericht (1911–13) Ecke Stresemannstraße/Hansaring, wo sich Staatsanwalt und Verteidiger im juristischen Kampf gegenüberstanden.

Oberpostdirektion

Die dem Landgericht benachbarte Oberpostdirektion von 1918–24 mit klassizistischer Straßenfront von geradezu sakraler Wirkung in Anbetracht einer profanen Behörde.

Landesfinanzamt

Nicht minder ehrfurchtgebietend der umfangreiche Baukomplex des Landesfinanzamtes, später Oberfinanzdirektion, am Beginn der Alten Pillauer Landstraße, 1928 nach Plänen von Friedrich Lahrs ausgeführt.

Neues Schauspielhaus

Unter Hinzufügung eines Säulenportikus im Stil des Moskauer Bolschoi-Theaters wurde auf den Grundmauern der Kriegsruine das Neue Schauspielhaus in der Hufenallee errichtet. So genannt nach der Erweiterung des vormaligen Luisentheaters (1912) des Architekten Walter Kuckuck. Über dem Eingang des Schauspielhauses, in dem so berühmte Schauspieler wie Paul Wegener und Heinrich George auftraten, stand einst Schillers Wort: »Ewig jung ist nur die Phantasie«. Das von Stanislaus Cauer 1910 geschaffene Denkmal des Dichters befindet sich noch heute gegenüber dem Theater in den Grünanlagen mit dem hier schon in der Vorkriegszeit sprudelnden Springbrunnen.

ШИЛЛЕР
SCHILLER
1759-1805

Tiergarten

Nur wenig erinnert an den alten, an der Hufenallee gelegenen Haupteingang zum Königsberger Tiergarten, der, 1896 eröffnet, sehr bald aufgrund seines landschaftlich außerordentlich reizvollen Parkgeländes beiderseits der Hufenschlucht und wegen des reichhaltigen Tierbestandes zu den schönsten zoologischen Gärten Deutschlands gehörte – mit Aussichtsturm, Leuchtfontäne, Aquarium und vielem mehr.

Seine Begründer waren der Zoologe Max Braun, Professor an der Albertina, und Hermann Claaß, der erste Direktor von 1896–1913, dem das Denkmal mit der von Walter Rosenberg geschaffenen Bronzegruppe des eine Panthermutter und ihre beiden Jungen fütternden Knaben gesetzt wurde. Erst vor kurzem ist es auf sein originales Sockelfundament zurückgekehrt. An der Rückseite des Sockels fehlt jedoch das Bronzeporträt von Claaß.

dem Andenken
Hermann Claass
Mitbegründer
1895 – 1913

Nicht gut ist es um Erhaltung und Pflege der Tierhäuser und -gehege bestellt, die im allgemeinen einen recht heruntergekommenen Eindruck machen wie das Elefantenhaus (ehemaliges Gesellschaftshaus) und das verfallene Freigehege der Eisbären, die sich daher die Braunbärenanlage mit ihren Artgenossen teilen müssen.

Beinahe im alten Zustand befinden sich Raubtierhaus und Vogelvoliere (folgende Seite).

КРУПНЫЕ КОШКИ

Der Elch, das ostpreußische Symboltier, hier aus Bronze mit einer abgebrochenen Schaufel, stand einst an anderer Stelle – vor dem Grenzlandtheater in Tilsit.

Hingegen hat das 1930 vom Sängerbund zum 700. Todestag Walthers von der Vogelweide im Tiergarten aufgestellte Denkmal seinen angestammten Platz gegen den auf der Dominsel vertauschen müssen.

Hufen-Freigraben und Luisenwahl

Der heute stark verwilderte Hufen-Freigraben (hier direkt unterhalb der Stresemannstraße) durchfließt den Königsberger Tiergarten und die Waldschlucht von Julchenthal mit der beliebten gleichnamigen Konditorei, wo sich bereits Ende des vorigen Jahrhunderts weitere Vergnügungslokale und »Etablissements« angesiedelt hatten. Schließlich erreicht der Freigraben Luisenwahl, einen noch immer schönen Landschaftspark mit altem Baumbestand.

An den Park schlossen sich zu beiden Seiten Friedhöfe an, von deren systematischer Einplanierung das Bruchstück eines Grabsteins an der zerbrochenen Fassung der eisenhaltigen Quelle unweit der Fußgängerbrücke über den Freigraben zeugt.

Luisenhäuschen

Die Benennung Luisenwahl geht zurück auf Louise, die Gattin des Schulrates C. Busolt, der den alten Gutspark auf den Hufen 1790 vom Stadtpräsidenten Th. v. Hippel erworben hatte, nicht auf die legendäre Königin Luise (1776–1810), die mit ihrem Gemahl Friedrich Wilhelm III. während ihres Exils in Königsberg die Sommermonate der Jahre 1808 und 1809 in dem seit jener Zeit Luisenhäuschen genannten alten Gutshaus am Nordende des Parks verbrachte, das später durch die Hufenallee abgetrennt wurde.

Am höchsten Punkt Luisenwahls mit Aussicht auf das Pregeltal, den Lieblingsplatz Königin Luises, ließ Kaiser Wilhelm I., der den Park in Erinnerung an seine Jugendzeit erworben hatte, seiner Mutter ein Denkmal aufstellen. Eine steinerne Halbrotunde mit der Marmorbüste der Königin von Christian Daniel Rauch in einem Medaillonbogen und der Inschrift: »Dem Genius Preußens – Der unvergeßlichen Königin Luise – Die Königsberger Bürger 1874«. Nahe bei diesem heute nur noch rudimentär erhaltenen und mit grauer Ölfarbe übermalten Denkmal kamen erst vor kurzem Fragmente des Medaillons ans Licht.

Luisenkirche

Unweit des Luisen-Denkmals liegt am Beginn der Lawsker Allee die Königin-Luise-Gedächtniskirche, als erstes Gotteshaus außerhalb des Wallrings mit Spenden wohlhabender Bürger in neuromanischem Stil erbaut und 1901 in Gegenwart des Kaiserpaares geweiht. Der ehemalige III. Altstädtische Friedhof im Süden der nur außen unversehrten Kirche – ihr Inneres beherbergt heute ein Puppentheater – mußte einem Vergnügungspark weichen.

Die Luisenkirche war Gemeindekirche der um die Jahrhundertwende entstehenden Villenvororte Hufen und Amalienau, die den Krieg gut überstanden haben. Einige gehobene Villen an der baumbestandenen Körteallee und am Luisenplatz (Folgeseiten).

Rathshof

1919 war der westlich von Amalienau in Rathshof gelegene Neubau der Kunstakademie vollendet, entworfen von Fr. Lahrs, der ebenso an ihr lehrte wie der Bildhauer Stanislaus Cauer, von dem die Muschelkalkreliefs der geflügelten Genien zu beiden Seiten des Rundbogenfensters über dem Eingang der Akademie stammen. Den Rathshöfer Freigraben entlang erstrecken sich ausgedehnte Grünanlagen über den idyllischen Hammerteich (Bild rechts oben) und die Fürstenschlucht bis zum Landgraben (Bild rechts unten), der bereits in der Ordenszeit angelegt wurde. Ihn begleitet ein seit jeher vielbegangener Spazierweg mit bekannten Ausflugsgaststätten wie »Fürstenteich« und »Coppernicus«.

Hammerweg

Am Hammerweg, dessen Name sich von dem ursprünglich auf Höhe des Rathshöfer Freigrabens aufgestellten Eisenhammer herleitet, stehen stadteinwärts diese durchschnittlichen Königsberger Mietshäuser, Beleg für den relativ guten Erhaltungszustand der »privaten« Bausubstanz auf den Hufen und in Amalienau.

Königseck

Im Bereich der früheren Innenstadt finden sich hingegen infolge der flächendeckenden Kriegszerstörungen nurmehr wenige Wohnbauten, hier die städteplanerisch interessante Ruine des 1906 erbauten Königsecks an der Königstraße, ursprünglich bestehend aus fünfzehn um einen Innenhof gruppierten Wohnhäusern, über den durch den hier an der Vorderfront erkennbaren Torweg der Zugang zur Wilhelmstraße möglich war.

Ostpreußische Landschaft

In der Landhofmeisterstraße (Nähe Königstraße) die barocke Fassade der »Ostpreußischen Landschaft«. Hier rief General Yorck am 5. Februar 1813 die ostpreußischen Stände im Namen des Königs zur Verteidigung des Vaterlandes gegen Napoleon auf. »Damit war in der Hauptstadt Ostpreußens das Signal gegeben zur Befreiung Deutschlands und Europas vom napoleonischen Imperialismus« (Fritz Gause, Königsberg in Preußen. Die Geschichte einer europäischen Stadt, 1968). Das eiserne Kreuz am Haus mit der an dieses denkwürdige Ereignis erinnernden Inschrift »Februar 1813« ist verschwunden.

Katholische Kirche

Wie bereits in den 70er Jahren die Katholische Kirche zur Heiligen Familie am Oberhaberberg (1904) wiederhergestellt wurde, allerdings als Konzerthaus, so geschieht es derzeit auch mit der 1933 von Arthur Kickton in eigenwilligem Stil erbauten Kreuzkirche auf der Lomse.

Kreuzkirche

Innerhalb des alten Befestigungsrings sind diese beiden Kirchen neben dem Dom die einzigen von einstmals 16 Gotteshäusern, die zu einem nicht geringen Teil erst nach Kriegsende beseitigt wurden, darunter die älteste Kirche Königsbergs, die Steindammer Kirche aus dem 13. Jahrhundert.

Heute scheint es so, als ob der Bibelspruch »Das Wort am Kreuz ist eine Gotteskraft« an der Portalwand der Kreuzkirche wieder zur Geltung gelangen könnte – wie der aus Eisen gegossene Name »Königsberg« auf einem Kanaldeckel vor dem Hauptbahnhof (vgl. Seite 128).

Waldgarten
Schule
Grünwaldstr.
Ringchaussee
Steffeckstr.
Kl. Rathshof
Schleiermacherstr.
Schreber-
gärten
Krausallee
Fürstenteich
Am Landgraben
Sportplatz
Thaerstr.
Gasths. Coppernicus
Neuer Israel. Begräbnispl.
Fürsten
schlucht
Mittel
hufen
Hufenallee
Friedrichswalde
Hammerweg
Amalienau
Zwillings See
Jahn
platz
Hagenstr.
Luisenallee
Hindenburgstr.
Tier
garten
Luisen-
wahl
Theodor
Krohne
Derfflingerstr.
Gottsched pl.
Judittener Allee
Juditten
Rathshof
Lawsker Allee
Kunst
Akademie
Park
Rathshof
Pillauer
Rundfunk-Sende u. Empf.-Stelle
Schrebergärten
Lawsken
Friedrichswalder Allee
Vorflutkanal
Bf. Juditten
Bf. Rathshof
Kaporner Str.
Amtsstr.
Waggon Fbr.
Steinfurt
Holzwaren Fbr.
Petroleum Tanks
Kosse
Sägewerk
Straßenb. Depot
Gaswerk Kosse
Bahnhof Holländerbaum
Deutschordenring
Kbg. Walzmühle
Pregel-Bahnhof
Kbg. Lagerhs
Lawsker Deich
Holsteiner Damm
Der Pregel
Gruppenspeicher
Turmspeicher
Industriehafen
Freihafen
Lagerhallen
Hamburger Str.
Lagerplatz der Zellstoff Fbr.
Kbg. Zellstoff Fbr. Koholyt A.G.
Laak
Fabr. chem. Produkte
Segelclubs
Holzhafen
Bremer Str.
Zollverwalt.
Hafenstr.
Reichsstr.
Sägewerk
Kl. Friedrichsberg
Wilhelmshavener Str.
Nasser Garten
Berliner Str.
Hauptba
Lokomotiv-Schp.
Verschiebebahnhof
Kaserne
Karlstr.
Schichau Schiffswerft
Gutshof
Contienen
Contiener Weg
Bindfadenfbr.
Flachsröster.
3
4
5
6
7
8
9
10
11
12

WEGWEISER
durch
KÖNIGSBERG PR.
Maßstab 1:15000.
100 50 0 100 200 300 400 500 600 700 800m.
Unveränderter Nachdruck einer Originalvorlage von 1931
© 1990 Verlag Gerhard Rautenberg, 2950 Leer
Zeichenerklärung:
Hauptbahn
Güter- u. Anschlußbahn
Kleinbahn
Denkmal
Stb. Sp. Stadtbank u. Stadtsparkasse
Straßenbahn
Kraftomnibus
Post- u. Telegraph. Amt
n. Pr. Eylau 128 Nummer der Fernverkehrsstraße
Städt. Verkehrsamt im Hauptbahnhof und im Nordbahnhof.
Straßenverzeichnis, Sehenswürdigkeiten, Fremdenführer siehe Rückseite
Maraunen-hof
Palve
Kummerau
Devau
Kalthof
Oberteich
Schloßteich
Der neue Pregel
Der alte Pregel
Mühlenhof
Pferde-Rennbahn
Flughafen
Sackheim.
Altstädt. Wiesen
Reichswehr Übungsplatz
Samitter Allee
Cranzer Allee
Labiauer Str.
Tapiauer Str.
Königstr.
Steindamm
Wrangelstr.
Sackheim
Unterhaberberg
Österreichische Str.
Schönfließer Allee

Königsberg.Pr.